Ben Wakhungu

Controlo de utilização no controlo de acesso alargado baseado em funções

Ben Wakhungu

Controlo de utilização no controlo de acesso alargado baseado em funções

ScienciaScripts

Imprint

Cover image: www.ingimage.com

This book is a translation from the original published under ISBN 978-620-2-05457-7.

Publisher:
Sciencia Scripts
is a trademark of
Dodo Books Indian Ocean Ltd. and OmniScriptum S.R.L publishing group

120 High Road, East Finchley, London, N2 9ED, United Kingdom
Str. Armeneasca 28/1, office 1, Chisinau MD-2012, Republic of Moldova, Europe
Printed at: see last page
ISBN: 978-620-7-69440-2

CONTROLO DA UTILIZAÇÃO NO CONTROLO DE ACESSO ALARGADO BASEADO EM FUNÇÕES PARA MELHORAR A SEGURANÇA DA INFORMAÇÃO.

UM ESTUDO DE CASO SOBRE SISTEMAS DE INFORMAÇÃO EMPRESARIAL EM PEQUENAS E MÉDIAS EMPRESAS.

DOMÍNIO DE INVESTIGAÇÃO: SEGURANÇA DOS DADOS

Dedicação

Aos meus pais, irmã, irmãos e amigos.

Reconhecimento

É com grande reverência que desejo expressar a minha profunda gratidão para com o Sr. Karanja Mwangi pela sua orientação astuta, motivação constante e confiança, sem as quais este trabalho nunca teria sido possível. Estou-lhe sinceramente grato pelas suas críticas construtivas e sugestões de melhoria em várias fases do trabalho.

Gostaria também de agradecer ao Sr. S. Kungu, pela sua orientação, sugestões inestimáveis e por me ter apoiado durante as discussões estimulantes que tornaram este trabalho possível.

Por último, mas não menos importante, gostaria de agradecer a todos os meus finalistas, colegas de turma e colegas de quarto, especialmente ao John, ao Leonard e ao Ogada, por terem tornado a minha estadia no Hall 6 confortável e uma experiência de aprendizagem frutuosa. Agradeço à minha mãe, ao meu pai, à minha irmã e aos meus irmãos. Para além dos meus amigos, pelo encorajamento que me deram durante o estudo.

ÍNDICE DE CONTEÚDOS:

Lista de abreviaturas e símbolos

SME-Small and medium enterprises.

UCON- Usage Control.

XRBAC-Extended Role Based Access Control.

DAC- Discretionary Access Control.

MAC- Mandatory Access Control.

RBAC- Role Based Access Control.

SOD- Separation of Duty.

NDAC- Non Discretionary Access Control.

ERP- Enterprise Resource Planning

CRM- Customer Relations Management

HRM- Human Resource Management

$\subseteq$- many-to-many
$\rightarrow$ - mapping
$\in$
$\exists$
$\geq$
$\leq$
$\times$- to

RESUMO

Os sistemas de informação empresariais tornaram-se num sistema com elevada vulnerabilidade e elevada confidencialidade, em que a segurança é fundamental para o seu funcionamento. A maioria dos fornecedores de sistemas já integrou a sua solução de segurança, que pode funcionar bem a nível interno; num ambiente aberto, são necessárias novas abordagens técnicas para proteger o sistema.

O elo mais fraco de qualquer sistema são as pessoas. Por melhores que sejam as medidas e as tecnologias de TI, os maiores problemas ocorrem quando a tecnologia entra em contacto com as pessoas que têm de administrar, gerir ou mesmo utilizar a funcionalidade de segurança das TI.

As aplicações comerciais como ERP, CRM, HRM e outras são um dos principais tópicos no âmbito da segurança informática, uma vez que estas aplicações armazenam dados comerciais e qualquer vulnerabilidade nestas aplicações pode causar uma perda monetária significativa ou mesmo a paragem da atividade.

Um dos melhores exemplos relacionados com a proteção de informações confidenciais no ERP é a utilização do controlo de utilização no controlo de acesso baseado em funções X. Nesta investigação, identificamos as várias formas de controlo da utilização em sistemas de controlo de acesso baseados em funções alargadas.

Fazemos também um estudo de caso do sistema de controlo de acesso baseado em funções alargado no sistema de informação empresarial de uma pequena e média empresa.

Palavras-chave: Controlo de acesso baseado em funções alargado, estudo de caso, sistema de informação empresarial, separação de funções, PME.

CAPÍTULO 1

1.0 INTRODUÇÃO

A informação é um dos activos mais importantes de qualquer empresa. O ambiente empresarial atual é altamente competitivo, pelo que a informação tem de ser protegida tanto do acesso não autorizado como do acesso autorizado que resulte em utilização indevida ou destruição. A divulgação de qualquer informação sobre uma organização, como os clientes, os planos estratégicos ou os produtos da empresa a um concorrente, pode conduzir a graves e enormes perdas financeiras, à perda de vantagem competitiva, a responsabilidades legais e à perda da reputação arduamente conquistada, dando assim ao concorrente a oportunidade de ultrapassar a empresa.

O concorrente não precisa de suportar os encargos financeiros nem o tempo envolvido na investigação e desenvolvimento. Além disso, tem a oportunidade de desenvolver contra-estratégias para os planos da empresa antes mesmo de a empresa implementar a estratégia. A divulgação de informações críticas é quase impossível de recuperar (Kugblenu, 2007).

O objetivo fundamental da segurança da informação é negar o acesso aos recursos de informação e, ao mesmo tempo, disponibilizá-los aos utilizadores autorizados. Isto deve ser feito de uma forma que não afecte a atividade de uma organização. Uma das tecnologias utilizadas para o conseguir é o controlo do acesso. O controlo de acesso é definido como a capacidade de permitir ou negar o acesso a um determinado recurso (objeto) por uma determinada entidade (sujeito). Os três modelos tradicionais de controlo de acesso mais utilizados são Controlo de Acesso Discricionário (DAC), Controlo de Acesso Obrigatório (MAC) e Controlo de Acesso Baseado em Funções (RBAC).

O controlo de acesso alargado baseado em funções (Shi, Technology, & Portfolio, 2006) é um meio de manter o controlo de acesso em grandes organizações e para muitos serviços.

O controlo da utilização é, idealmente, uma generalização do controlo de acesso que também aborda a forma como os dados são utilizados depois de serem divulgados. O controlo de utilização (Pretschner, Hilty, Basin, Schaefer, & Walter, n.d.) generaliza o controlo de acesso, controlando não só quem pode aceder a que dados, mas também a forma como os dados podem ser utilizados ou distribuídos posteriormente. Engloba e melhora os modelos tradicionais de controlo de acesso, a gestão da confiança (TM) e a gestão dos direitos digitais (DRM), e as suas principais novidades são a mutabilidade dos atributos e a continuidade da avaliação das decisões de acesso (Lazouski, Martinelli, & Mori, n.d.).

1.2 ANTECEDENTES DO ESTUDO

Os ambientes de componentes actuais, como o .NET ou o Sun ONE, oferecem mecanismos de controlo de acesso baseados em funções, especialmente concebidos para a respectiva infraestrutura. No entanto, os programadores estão vinculados às características específicas de controlo de acesso e apenas têm possibilidades mínimas de personalização de acordo com os requisitos da aplicação.

Com a grande proliferação de muitos sistemas de informação empresarial no mercado devido à elevada procura na maioria das pequenas e médias empresas, a aplicação da segurança nesses sistemas é normalmente feita através da utilização de controlos de acesso. O principal desafio consiste em garantir que os utilizadores autorizados efectuam transacções autorizadas e que um utilizador não pode, em momento algum, ter duas funções contraditórias. A maioria dos SIE recorre à separação de funções para atingir este objetivo, mas surgiu um novo desafio. O desafio de garantir que os dados são utilizados corretamente representa um desafio maior para a maioria das empresas. Neste estudo, proponho a utilização do controlo de utilização no SIE para abordar a forma como os dados são utilizados depois de serem libertados.

1.3 DECLARAÇÃO DO PROBLEMA

Um sistema de informação empresarial tem de proporcionar a vários utilizadores um acesso controlado a recursos heterogéneos. O grande número e tipos de utilizadores e recursos num sistema empresarial colocam vários desafios ao controlo de acesso e à gestão da segurança. O maior risco ("Security Controls for Computer Systems: Report of Defense Science Board Task Force on Computer Security - RAND Report R-609-1 | RAND," n.d.) é a ameaça interna - pessoas que têm acesso ao sistema e que o estão a utilizar de forma errada ou com as autorizações erradas, e não existe controlo suficiente instalado na empresa. É necessário encontrar o equilíbrio certo entre a confiança que se deposita nas pessoas da organização e o número de controlos que se utilizam.

A segunda ameaça provém das pessoas que ligam os seus sistemas à Internet, quer para alargar o suporte da cadeia de abastecimento do sistema, quer para expor funcionalidades específicas a fim de facilitar a vida aos empregados. O problema é que as ameaças clássicas e bem compreendidas da Internet não são muitas vezes compreendidas pelos responsáveis pelo SIE. As pessoas responsáveis pelo SIE compreendem a ameaça interna porque lidam com ela há anos, mas quando há um pedido da empresa para alargar os sistemas à Internet, não pensam em ameaças como o cross-site-scripting. Os vírus ou worms que utilizam a plataforma do sistema empresarial podem entrar em ação e não compreendem suficientemente a importância dos patches de segurança. Este é um enorme desafio para a organização. O controlo de acesso deve ser efectuado de acordo com um conjunto de regras predefinidas e realizado automaticamente para aplicações de serviços Web.

O suporte de uma vasta gama de políticas de segurança é sempre importante para um modelo de controlo de acesso bem sucedido. As políticas de segurança podem ser dinâmicas num ambiente de serviço Web. Por exemplo, as políticas de segurança podem referir-se a condições dinâmicas, como perfis de utilizador, atributos de utilizador, factores ambientais e várias outras condições, e estas políticas de segurança podem ser temporais e de natureza fina.

1.4 OBJECTIVOS DO ESTUDO

O objetivo deste estudo é procurar possíveis meios para proteger os sistemas empresariais contra o acesso não autorizado através da utilização da separação de tarefas e do controlo de utilização. O controlo de acesso fornece um conjunto de políticas e mecanismos que permitem que indivíduos autorizados acedam a recursos protegidos.

Este estudo tem os seguintes objectivos específicos

- ✓ O primeiro objetivo é fornecer especificações de autorização simples e eficientes para reduzir a complexidade da gestão da segurança.

- ✓ O segundo objetivo é proporcionar um controlo de acesso dinâmico aos sistemas empresariais.
- ✓ Conceba um módulo do Sistema de Informação Empresarial (gestão de inventário e encomendas) que ilustre a utilização do UCON no X-RBAC para preservar a confidencialidade dos recursos de informação, garantindo que a informação só é divulgada aos utilizadores autorizados a aceder à mesma.

1.5 QUESTÕES DE INVESTIGAÇÃO

A partir dos meus antecedentes, cheguei à seguinte questão de investigação:

- ✓ Quais são algumas das ameaças à segurança que os actuais sistemas de informação empresarial enfrentam?
- ✓ Como é que podemos fornecer especificações de autorização simples e eficientes para reduzir a complexidade da gestão da segurança?
- ✓ Existem formas possíveis de fornecer um controlo de acesso dinâmico ao sistema de informação empresarial?
- ✓ Como podemos conceber um módulo de um sistema de informação empresarial (gestão de stocks e encomendas) que ilustre a utilização do UCON no X-RBAC para preservar a confidencialidade dos recursos de informação, assegurando que a informação só é divulgada aos utilizadores autorizados a aceder-lhe ao nível da aplicação?

Estas questões são suficientemente importantes para justificar o estudo porque o Controlo de Acesso Alargado Baseado em Funções é utilizado em muitas organizações de todos os sectores. Devido à sua capacidade de implementar o controlo de acesso de uma forma que se adapta naturalmente às funções dentro das organizações. É importante que uma política de controlo de acesso deste tipo implemente plenamente os princípios da Separação de Funções, especialmente em organizações como os bancos e as forças armadas, onde um único utilizador não pode realizar determinadas operações.

1.6 IMPORTÂNCIA DO ESTUDO

O controlo de acesso abrange um vasto espetro de tecnologias informáticas. Neste estudo, o nosso objetivo é fornecer um controlo de acesso com separação de tarefas ao nível da aplicação que proteja o acesso não autorizado a funções e serviços empresariais de sistemas empresariais gerais.

Uma vez que os recursos empresariais baseados na Web estão a ser expostos a um ambiente dinâmico e distribuído através de serviços Web, é necessário dispor de um modelo de controlo de acesso dinâmico e flexível que capte as informações relevantes em matéria de segurança, tais como perfis de utilizadores e várias restrições ambientais no momento em que os pedidos de acesso são feitos, e as incorpore nas decisões de controlo de acesso.

CAPÍTULO 2

2.0 REVISÃO DA LITERATURA

Esta secção está organizada da seguinte forma: secção 1.1 "Introdução à revisão da literatura", onde se faz uma breve introdução à revisão da literatura. Apresenta a história do controlo de acesso e os métodos de controlo de acesso existentes.

2.1 INTRODUÇÃO À REVISÃO DA LITERATURA

É importante compreender o que a tecnologia atual pode e não pode fazer para proteger as informações classificadas num sistema empresarial. A tecnologia atual não oferece nenhuma forma de proteger absolutamente a informação ou o próprio sistema operativo do computador de todas as ameaças de segurança colocadas pelos seres humanos que o rodeiam. Consequentemente, devem ser aplicadas salvaguardas processuais e administrativas nos centros informáticos de partilha de recursos para complementar a proteção disponível no hardware e no software.

Este capítulo apresenta-lhe os principais conceitos e terminologias de segurança que serão utilizados nos capítulos seguintes. Uma vez que este estudo se destina a fornecer controlo de acesso e controlo de utilização para sistemas empresariais, estes serão os principais focos da minha análise. Serão analisadas as políticas populares de controlo de acesso, os mecanismos de controlo de acesso e as políticas de controlo de utilização. No final do capítulo, será apresentado um modelo de controlo de acesso proposto para um sistema empresarial em PME.

2.1.1 CONCEITOS E TERMINOLOGIAS DE SEGURANÇA.

2.1.2 SEGURANÇA EM GERAL

Os requisitos básicos da segurança da informação consistem em satisfazer os seguintes objectivos Confidencialidade, integridade, disponibilidade dos activos de informação, privacidade, autenticidade e não repúdio.

- ✓ Confidencialidade: Evita o acesso ou a divulgação de informações a entidades não autorizadas. Podem ser utilizados muitos métodos para o conseguir, incluindo a criptografia e o controlo de acesso.
- ✓ Integridade: Assegura que a informação disponível para os utilizadores

autorizados é exacta e devidamente processada.

- ✓ Disponibilidade: É a capacidade de os utilizadores autorizados terem acesso aos recursos de informação quando necessitam ou o solicitam. Diz respeito à prevenção de ataques de negação de serviço.
- ✓ Privacidade: Isto significa que as informações fornecidas por um utilizador só devem ser utilizadas para os fins para que foram fornecidas.
- ✓ Autenticação: Trata-se de provar se a informação fornecida por um utilizador é genuína.

A autenticação (John R. Vacca, n.d.) baseia-se normalmente num ou mais destes factores:

- Algo que o utilizador conhece, como uma palavra-passe ou um PIN.
- Algo que o utilizador possui, como um cartão inteligente ou um token.
- Algo pessoal do utilizador, como uma impressão digital, um padrão da retina ou outro identificador biométrico.

- ✓ Não repúdio: Isto significa que o remetente de uma mensagem não pode negar a transmissão.

Estes objectivos são concretizados através de políticas de segurança e mecanismos de segurança. As políticas de segurança descrevem o que é permitido e o que não é permitido através de expressões matemáticas. Uma determinada política ou conjunto de políticas pode ser representado por um modelo de segurança. Um modelo de segurança fornece orientações de alto nível para a implementação de um sistema de segurança. Um mecanismo de segurança é um método, ferramenta ou procedimento para aplicar uma política de segurança (Ausanka-crues, n.d.) (Essmayr, Probst, & Weippl, 2004).

2.1.2 POLÍTICAS DE CONTROLO DE ACESSO EXISTENTES

Esta secção fornece informações adicionais sobre as políticas de controlo de acesso e dá exemplos de vários tipos de políticas.

2.1.2.1 Controlo de acesso discricionário (DAC)

O DAC deixa uma certa quantidade de controlo de acesso ao critério do proprietário do objeto ou de qualquer outra pessoa que esteja autorizada a controlar o acesso ao objeto (Hu et al., n.d.). Por exemplo, é geralmente utilizado para limitar o acesso de um utilizador a um ficheiro (L. Chen, 2011); é o proprietário do ficheiro que controla o acesso de outros utilizadores ao ficheiro. Apenas os utilizadores especificados pelo proprietário podem ter alguma combinação de permissões de leitura, escrita, execução e outras permissões para o ficheiro. A política DAC tende a ser muito flexível e é amplamente utilizada nos sectores comercial e governamental. No entanto, o DAC é conhecido por ser inerentemente fraco por duas razões. Primeiro, a concessão de acesso de leitura é transitiva; por exemplo, quando Ann concede a Bob acesso de leitura a um ficheiro, nada impede Bob de copiar o conteúdo do ficheiro de Ann para um objeto que Bob controla. O Bob pode agora conceder a qualquer outro utilizador acesso à cópia do ficheiro da Ann sem o conhecimento desta. Em segundo lugar, a política DAC é vulnerável a ataques de cavalos de Troia. Como os programas herdam a identidade do utilizador que os invoca, o Bob pode, por exemplo, escrever um programa para a Ann que, à primeira vista, executa uma função útil, mas que ao mesmo tempo destrói o conteúdo dos ficheiros da Ann. Ao investigar o problema, os ficheiros de auditoria indicariam que Ann destruiu os seus próprios ficheiros. Assim, formalmente, os inconvenientes do DAC são os seguintes:

- ✓ A informação pode ser copiada de um objeto para outro; por conseguinte, não existe uma garantia real do fluxo de informação num sistema.
- ✓ Não se aplicam restrições à utilização de informações quando o utilizador as recebe.
- ✓ Os privilégios de acesso aos objectos são decididos pelo proprietário do objeto, em vez de o serem através de uma política de todo o sistema que reflicta os requisitos de segurança da organização.

2.1.2.2 Controlo de acesso não discricionário.

Tal como o nome indica, as políticas desta categoria têm regras que não são estabelecidas de acordo com o critério do utilizador. As políticas não discricionárias estabelecem controlos que não podem ser alterados pelos utilizadores, mas apenas através de ação administrativa.

A política de *separação de tarefas (SOD)* (Kugblenu, 2007) pode ser utilizada para impor restrições à atribuição de utilizadores a funções ou tarefas. Um exemplo de tal restrição estática é o requisito de que duas funções sejam mutuamente exclusivas; se uma função solicita despesas e outra as aprova, a organização pode proibir que o mesmo utilizador seja atribuído a ambas as funções. Assim, ser membro de uma função pode impedir o utilizador de ser membro de uma ou mais funções, dependendo das regras de SOD, como o fluxo de trabalho (Hu et al., n.d.) e o controlo de acesso baseado em funções (ver as secções seguintes).

2.1.2.3 Controlo de acesso obrigatório (MAC)

A política de controlo de *acesso obrigatório (MAC)* significa que as decisões relativas à política de controlo de acesso são tomadas por uma autoridade central, e não pelo proprietário individual de um objeto, e que o proprietário não pode alterar os direitos de acesso. A política MAC é a política de controlo de acesso mais mencionada.

A necessidade de um mecanismo MAC surge quando a política de segurança de um sistema assim o determina:

- ✓ As decisões de proteção não devem ser tomadas pelo proprietário do objeto.
- ✓ O sistema deve aplicar as decisões de proteção (ou seja, o sistema aplica a política de segurança em detrimento dos desejos ou intenções do proprietário do objeto).

Os modelos de segurança multinível, como o modelo Bell-La Padula Confidentiality (Hu et al., n.d.) e o modelo Biba Integrity (Ganesh, 2008), são utilizados para especificar formalmente este tipo de política MAC. No entanto, a informação pode passar por um canal secreto no MAC, em que a informação de uma classe de segurança mais elevada é deduzida por inferência, como a montagem e a combinação inteligente de informação de uma classe de segurança mais baixa.

2.2 SEPARAÇÃO DE FUNÇÕES.

O SOD é uma técnica para reduzir a possibilidade de fraude e de danos acidentais. Trata-se de uma limitação do controlo de acesso baseado em funções. Distribui a responsabilidade e a autoridade de uma ação ou tarefa por vários utilizadores, reduzindo assim o risco de fraude (Kugblenu, 2007). Este é um conceito-chave dos controlos internos e é o mais difícil e, muitas vezes, o mais dispendioso de alcançar.

A separação de funções, no que se refere à segurança, tem dois objectivos principais. O primeiro é a prevenção de conflitos de interesses, da aparência de conflito de interesses, de actos ilícitos, de fraudes, de abusos e de erros. O segundo é a deteção de falhas de controlo que incluem violações da segurança, roubo de informações e evasão dos controlos de segurança.

Os controlos de segurança são medidas tomadas para proteger um sistema de informação contra ataques à confidencialidade, integridade e disponibilidade dos sistemas informáticos, das redes e dos dados que utilizam. Além disso, os controlos de segurança são seleccionados e aplicados com base numa avaliação dos riscos do sistema de informação. Estes controlos restringem a quantidade de poder/influência detida por qualquer indivíduo. A separação adequada de funções destina-se, naturalmente, a garantir que as pessoas não têm responsabilidades contraditórias ou são responsáveis por prestar contas a si próprias ou aos seus superiores.

Existe um teste fácil para a Separação de Funções. Em primeiro lugar, pergunte se um utilizador do sistema pode alterar ou destruir dados organizacionais sem ser detectado. Em segundo lugar, pergunte se alguém pode roubar ou infiltrar-se em informações sensíveis. Por último, pergunte se alguém tem influência na conceção, aplicação e comunicação da eficácia dos controlos. Se a resposta a qualquer uma destas perguntas for SIM, então é necessário analisar a separação de funções.

Uma violação comum do SoD, por exemplo, ocorre quando um funcionário autorizado a aprovar uma fatura no sistema EIS também está autorizado a utilizar o sistema para pagar a fatura. Essa capacidade, ou acesso, é normalmente agrupada em "funções". Os controlos de acesso estabelecem quais os funcionários que podem ter determinadas funções para efetuar transacções específicas no sistema.

Existem dois tipos de aplicação da separação de funções: a exclusão estática ou forte e a exclusão dinâmica ou fraca.

2.2.1 TIPOS DE SEPARAÇÃO DE FUNÇÕES

A separação estática de funções define os grupos de ascendência divididos de funções e as funções alteradas atribuídas ao utilizador alterado influenciam acções diferentes. Isto significa que duas funções não partilham o mesmo princípio. Por exemplo, se a aprovação da encomenda e o criador forem funções exclusivas, ninguém que possa assumir a função de aprovador será autorizado a desempenhar a função de criador e ninguém que possa assumir a função de criador será autorizado a desempenhar a função de aprovação.

As separações dinâmicas de funções mostram que a tarefa tem acções diferentes que são executadas por indivíduos diferentes, mesmo que ambos sejam regidos pela mesma função. Isto significa que os membros de duas funções exclusivas não devem estar activos em ambas ao mesmo tempo.

Vejamos o exemplo que retirámos de (Kugblenu, 2007) sobre a compra e aquisição de bens. Seguem-se os seguintes passos

Passo 1:

Encomendar e registar os detalhes da encomenda de mercadorias.

Passo 2:

Registar o influxo e verificar se o pormenor do influxo corresponde ao pormenor da encomenda.

Passo 3:

Verificar se as mercadorias foram recebidas e se a qualidade dos pormenores corresponde aos pormenores da entrada.

Passo 4:

Aprovar o pagamento ao concessionário contra o influxo. O que se pretende é mostrar que o pagamento não é libertado para uma encomenda que nunca foi efectuada e que as mercadorias fornecidas correspondem às da encomenda e às da fatura.

A política é demasiado restritiva quando um utilizador diferente executa uma determinada etapa. Pode ser permitido, por exemplo, que o utilizador que encomenda o lugar seja também o que regista a fatura da chegada.

1. Devem ser três utilizadores a executar estes quatro passos.
2. Dois utilizadores podem executar as tarefas da etapa 1 e da etapa 4.

Podemos dizer que um único utilizador não pode encomendar o bem e permitir o pagamento.

Se um único utilizador criar e aprovar uma encomenda por telefone, ou der o dinheiro pelo bolso, mas o número de utilizadores criar e aprovar a encomenda, então cria-se uma fraude com outras pessoas, o que é mau ou ilegal e aumenta significativamente o risco de revelação e captura.

2.3 CONTROLO DE UTILIZAÇÃO.

Trata-se de uma generalização do controlo de acesso que controla não só a forma como os dados são acedidos, mas também a forma como os dados são distribuídos posteriormente.

O Controlo da Utilização (UCON) (Sandhu, 2004) é um quadro concetual que abrange estas áreas de uma forma sistemática, a fim de proporcionar um quadro unificado e de objetivo geral para a proteção dos recursos digitais.

O controlo da utilização responde à questão de saber o que acontece aos dados no futuro e depois de terem sido cedidos (acedidos). Abrangendo os domínios da privacidade, da proteção da propriedade intelectual e da conformidade, os requisitos típicos actuais incluem "apagar após trinta dias", "não apagar no prazo de cinco anos", "notificar sempre que os dados forem cedidos" e "não imprimir".

Figura 1 Modelo de controlo da utilização

O controlo da utilização baseia-se em três factores de decisão:

- ✓ Autorização (A)
- ✓ Obrigação (B)
- ✓ Condição (C)

AUTORIZAÇÕES

As autorizações (Lazouski et al., n.d.) são predicados funcionais sobre atributos que têm de ser satisfeitos para conceder um determinado direito a um objeto digital. Na verdade, as autorizações são amplamente utilizadas a partir de modelos tradicionais de controlo de acesso (por exemplo, um predicado de autorização exige que um utilizador que aceda a um objeto tenha 21 anos de idade). No UCON, os predicados de autorização são avaliados antes (pré-autorizações) ou durante a execução dos direitos de acesso (sobre-autorizações), enquanto os modelos tradicionais funcionam apenas com pré-autorizações. Os predicados de autorização impõem restrições aos atributos do sujeito (s) e do objeto (o) sob a forma de predicados lógicos.

OBRIGAÇÃO

As obrigações aumentam a expressividade do modelo UCON. As obrigações examinam a realização de tarefas obrigatórias que são relevantes para o processo de utilização. Por exemplo, suponha-se que, para aceder a um livro branco de uma empresa, um utilizador é obrigado a assinar uma política de privacidade, a ver um anúncio enquanto lê o livro em linha e, finalmente, a apagar o livro do seu PC no prazo de 10 dias, caso descarregue o livro.

De facto, as obrigações no UCON têm duas características específicas. As obrigações podem ser cumpridas antes, durante ou após a execução da ação.

CONDIÇÃO

Trata-se de factores de decisão ambientais ou baseados no sistema (Martinelli, Krautsevich, Lazouski, Mori, & Petrocchi, n.d.). Não estão diretamente relacionados com o sujeito e o objeto. Exemplo: os utilizadores noturnos podem submeter trabalhos a um recurso computacional apenas das 20h00 às 8h00. A avaliação dos predicados das condições pode ser feita antes de conceder o acesso a um objeto digital (condições prévias) e/ou quando um sujeito utiliza um objeto (condições activas). As verificações de condições não podem atualizar atributos do sujeito, do objeto ou do ambiente. O valor do estado condicional pode ser alterado intrinsecamente como resultado de modificações ambientais.

A estratégia UCON é caracterizada por duas características: mutabilidade e continuidade. Mutabilidade significa a mutabilidade dos atributos do sujeito e do objeto - com uma propriedade de mutabilidade, os atributos podem ser mutáveis ou imutáveis.

2.4 CONTROLO DE ACESSO BASEADO EM FUNÇÕES

O controlo de acesso baseado em funções (Ausanka-crues, n.d.) baseia-se nas funções e responsabilidades de um indivíduo em qualquer organização. Estas funções são definidas para analisar o objetivo e a estrutura de uma organização e são normalmente utilizadas para a política de segurança. Por exemplo, nas organizações médicas, os papéis são os enfermeiros, os médicos, os doentes e, nos bancos, os papéis são o gestor, o diretor, etc. Estes tipos de utilizadores requerem funções diferentes para desempenharem as suas funções.

É a abordagem para restringir o sistema a utilizadores não autorizados.

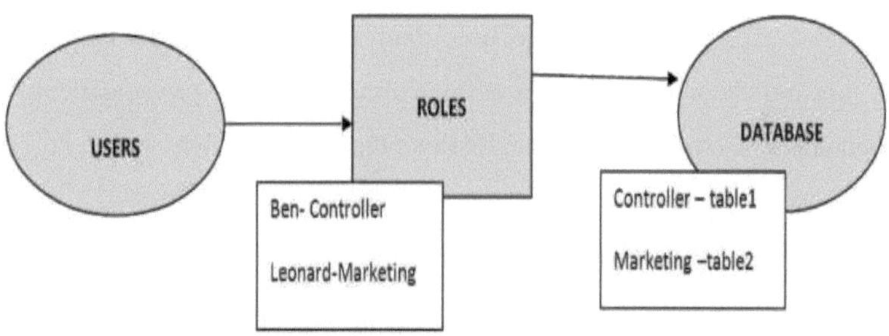

Figura 2.2.4 Controlo de acesso baseado em funções

O RBAC suporta três níveis de segurança:

- ✓ **Menos privilégios**

Só são necessárias ao utilizador as permissões que devem ser executadas na organização. Isto significa que o utilizador não deve ter mais privilégios do que os necessários para desempenhar as suas funções. É o princípio que controla a possibilidade de o utilizador individual tomar medidas desnecessárias, o que é prejudicial para a capacidade de execução das funções desejadas.

✓ **Separação de funções**

Funções mutuamente exclusivas para completar a tarefa, como no banco em que o funcionário e o gestor de contas participam na emissão da conta.

✓ **Abstração de dados**

Ler, escrever, executar operações que são fornecidas pelo sistema operativo. Podem ser criadas permissões abstractas como contas de crédito e débito no banco.

Modelo RBAC

A parte seguinte mostra o modelo de controlo de acesso RBAC.

i. As funções são atribuídas com base na estrutura organizacional, com importância para a política de segurança da organização.

ii. A cada função é atribuído o seu perfil, que inclui todos os comandos autorizados, transacções e acessos à informação permitidos" (Ajam, Cuppens-boulahia, & Cuppens, 2010). Isto significa que cada organização atribui uma função ao utilizador, que inclui todos os comandos de acesso e os recursos de informação. Assim, o utilizador pode executar a tarefa com os recursos de informação fornecidos.

iii. O administrador baseia-se numa relação comparativa com a organização e atribui funções, como por exemplo, os escritórios do banco têm algumas transacções autorizadas no banco e podem atribuir algumas funções ao empregado.

iv. A concessão de autorizações baseia-se no princípio dos privilégios.

v. As funções podem ser determinadas através da separação de tarefas.

vi. As funções podem ser transferidas e atribuídas através de um procedimento de autorização.

vii. As funções podem ser activadas de forma estática e dinâmica como determinado nível relacional.

viii. O gestor de segurança e do programa geria as funções de forma centralizada.

As principais convenções são úteis no modelo RBAC

- ✓ U = Utilizador = Uma pessoa que desempenha a função.
- ✓ R = Role = funções que definem um nível de cargo.
- ✓ P = Permissões = uma aprovação para utilizar e aceder a um recurso.
- ✓ S = Sessão = Uma sessão para um determinado utilizador.
- ✓ UA = Atribuição da função de utilizador.
- ✓ PA = Atribuir autorização.
- ✓ RH = Hierarquia de funções.
- ✓ Um utilizador pode desempenhar várias funções e uma função pode desempenhar vários utilizadores.
- ✓ Uma função pode ter mais permissões e podem ser atribuídas permissões a várias funções (Ni, Trombetta, Bertino, Lobo, & Watson, 2007).

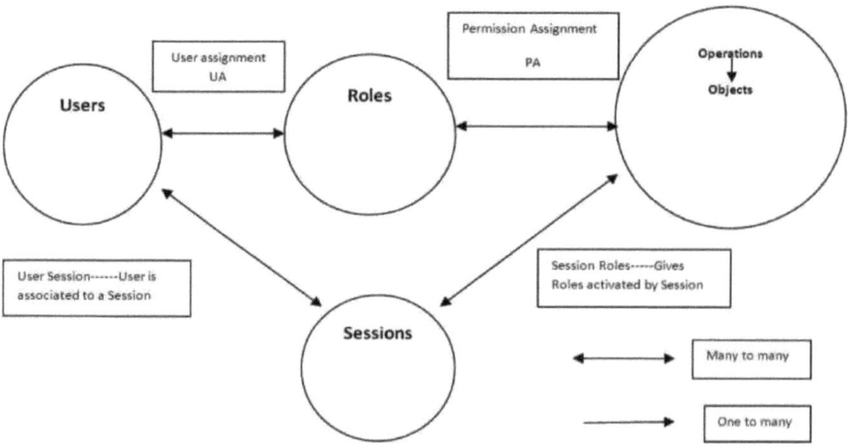

Figura 3 MODELO RBAC

O modelo básico do RBAC define a função, o utilizador, a permissão e a restrição.

- ✓ **Utilizador**

Este é o principal objeto que acede ao sistema informático e que pode obter alguns direitos de acesso num sistema.

- ✓ **Papel**

É um título de emprego dentro da organização com alguma semântica associada no que respeita à autoridade e responsabilidade conferidas a um membro da função

(Poniszewska-maranda, 2012). O papel pode representar uma competência para realizar uma tarefa específica e pode incorporar a autoridade e a responsabilidade. Os papéis são criados para várias funções de trabalho numa organização. Os utilizadores são atribuídos indiretamente às funções, com base nas suas responsabilidades e qualificações.

É o controlo semântico do modelo RBAC. Com o RBAC, o cargo pode criar uma função em qualquer organização. Algumas permissões de acesso a determinadas funções e, nessas funções, o utilizador tem uma determinada responsabilidade e uma determinada função.

Tipo de funções

Existem dois tipos de função. Um é o papel básico e o outro é o papel funcional.

✓ **Função básica**

É uma autenticação independente que determina o papel da função e a operação no objeto de informação protegida. As informações sobre os recursos determinam quais as aplicações e o fluxo de trabalho que são permitidos a um utilizador em primeiro lugar. As funções básicas suportam uma arquitetura baseada em serviços em que a gestão centralizada protege os recursos de acesso. É vantajoso para o local e a definição de funções no contexto, o que inclui funções básicas. Trata-se de uma autorização do utilizador que ocorre antes de as funções poderem ser activadas (Singh, 2012).

✓ **Papéis de função**

"As funções não podem ocorrer até que a sessão seja estabelecida e a autorização para estabelecer a sessão pode ocorrer fora da função de autorização da aplicação" (Smg)a., 2012). A definição para o exemplo acima é que em cada organização existe uma tarefa para um determinado projeto e a sua função não pode ser executada até que a sessão seja iniciada, o que significa que o utilizador já atribuiu as funções antes de iniciar qualquer tarefa ou projeto.

✓ **Autorização.**

Trata-se da autorização de acesso a um ou mais objectos. A natureza da permissão depende do tipo de sistema e da implementação. Utilizamos a permissão como um único ou mais objectos, como no caso de um ficheiro para aceder a um ou mais ficheiros num determinado departamento. A forma como essa permissão individual é combinada com a permissão genérica que pode ser atribuída numa única unidade é altamente dependente da implementação.

✓ **Restrição (Separação de Funções).**

A ideia de restrição no controlo de acesso baseado em funções consiste em estabelecer um exemplo de política da organização que seja igualmente disjuntivo (Essmayr et al., 2004). Uma vez que determinadas funções são declaradas como igualmente exclusivas, não precisamos de nos preocupar com as funções individuais dos utilizadores. Pode ser utilizado para reproduzir a política da organização no funcionamento do RBAC. Para impedir acções ilegais, um utilizador não pode desempenhar as funções de elite ao mesmo tempo, o que se designa por separação estática de funções. Outro utilizador pode ter funções de elite, mas não pode permitir a mesma função ao mesmo tempo, o que se designa por separação dinâmica de funções.

Limitações do RBAC

A condição de privilégio mínimo (Ausanka-crues, n.d.) é muitas vezes difícil ou dispendiosa de alcançar porque é difícil adaptar o acesso com base em vários atributos ou restrições. Uma preocupação mais séria na utilização do RBAC é a implementação de controlos de separação de tarefas. Os produtos RBAC existentes têm apenas características rudimentares de SOD. A SOD estática pode ser suportada, mas muito poucos oferecem SOD dinâmica.

Embora estas deficiências possam ser corrigidas com a chegada ao mercado de produtos mais sofisticados, há um problema mais subtil na utilização do RBAC para implementar a SOD. Com uma atribuição cuidadosa de privilégios às funções, a SOD é fácil e eficiente de realizar com o RBAC. Mas se um único indivíduo tiver acesso a todos os privilégios necessários para realizar uma função crítica, então o sistema pode ser comprometido independentemente da estrutura de funções. Por exemplo, suponhamos que são estabelecidas duas funções para iniciar e aprovar despesas com SOD entre elas.

Ou seja, a função que pode iniciar as despesas não tem a permissão necessária para as aprovar e a função de aprovação não as pode iniciar. Mas se mais tarde for atribuída a uma terceira função a permissão para aprovar despesas e um utilizador tiver acesso à função iniciadora e a esta terceira função, então a separação de funções foi violada. De facto, foi criada uma lacuna na estrutura de funções. Assim, é necessário ter muito cuidado na atribuição de permissões às funções para garantir que os requisitos de SOD não são comprometidos.

A falta das características mencionadas limita o número de políticas que o RBAC pode suportar. Além disso, o RBAC é implementado no âmbito da política específica de controlo do acesso, pelo que a flexibilidade é difícil de suportar quando é necessária uma combinação de políticas.

O outro desafio do RBAC (Ausanka-crues, n.d.) é a disputa entre uma segurança forte e uma administração mais fácil. Para uma segurança mais forte, é preferível que cada função seja mais granular, havendo assim várias funções por utilizador. Para uma administração mais fácil, é preferível ter menos funções para gerir. As organizações precisam de cumprir a privacidade e outros mandatos regulamentares e melhorar a aplicação das políticas de segurança, reduzindo simultaneamente o risco global e os custos administrativos.

2.5 CONTROLO DE ACESSO ALARGADO BASEADO EM FUNÇÕES

O controlo de acesso alargado baseado em funções é definido como um controlo de acesso baseado nas funções do utilizador, independentemente da aplicação.

Este tipo de controlo de acesso tem várias vantagens em relação aos mecanismos tradicionais de controlo de acesso. Algumas das vantagens são (Pain, 2011):

- ✓ As funções podem ser reatribuídas sem problemas quando o sistema estiver totalmente operacional, permitindo assim que os sistemas acompanhem as necessidades da empresa.
- ✓ A consistência pode ser criada e mantida nas funções em vários sistemas de uma forma que seja compreendida pelo pessoal da empresa que solicita essas atribuições de funções.
- ✓ As funções/contas partilhadas perigosas (como root, administrador e outras) e as respectivas palavras-passe podem ser protegidas, desactivadas ou removidas conforme adequado a cada sistema.

- ✓ O acesso a dados sensíveis pode ser removido dos administradores de sistemas, permitindo-lhes ainda fazer o seu trabalho.

No X-RBAC, cada função realiza uma tarefa específica no processo empresarial e contém muitas funções que o utilizador pode desempenhar. Para cada função é possível selecionar as funções necessárias do sistema. Assim, uma função pode ser apresentada como um conjunto de funções que essa função pode assumir e realizar.

Cada função pode ter uma ou mais permissões, e uma função pode ser definida como um conjunto ou uma sequência de permissões. Se for necessário um acesso a um objeto, então as permissões necessárias podem ser atribuídas à função para completar o trabalho desejado. São necessários direitos de acesso específicos para realizar um papel ou uma função específica desse papel. Por conseguinte, alargámos o modelo RBAC clássico com a adição de alguns elementos, ou seja, função, objeto, método, classe, operação, para exprimir elementos mais completos do sistema de informação da empresa que são protegidos por este modelo.

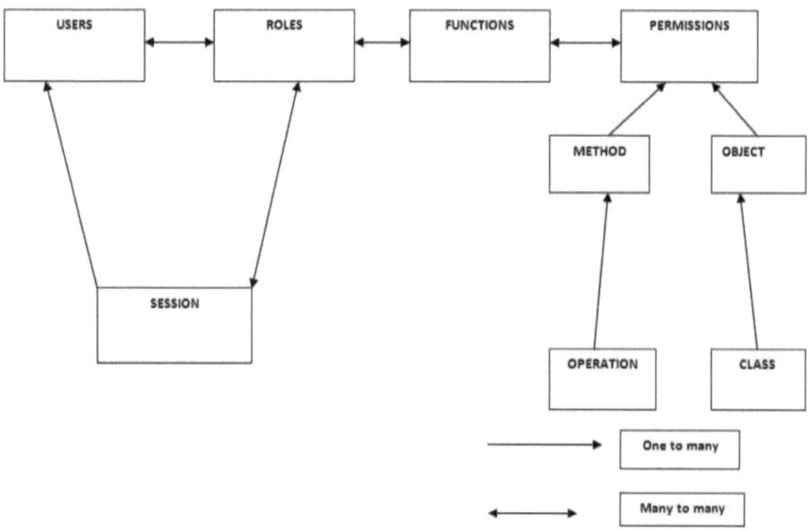

Figura 4 Modelo XRBAC

2.6 QUADRO TEÓRICO

Nesta secção, abordarei a aplicação da combinação do modelo XRB AC-UCON com a restrição Separação de tarefas para reforçar a segurança dos dados.

2.6.1 CONTROLO DE ACESSO BASEADO EM FUNÇÕES ALARGADO - MODELO DE CONTROLO DA UTILIZAÇÃO

Este modelo de controlo de acesso baseia-se em dois modelos: o modelo RBAC alargado(' Extended Role Based Access Control for Trusted Operating Systems and its Coloured Petri Net Model Gwangju Institute of Science and Technology Trusted Operating System (TOS)," n.d.),(Shi et al., 2006) e o modelo UCON(Krautsevich, Lazouski, Martinelli, Mori, & Yautsiukhin, 2010), (Martinelli et al., n.d.). Este modelo é definido por elementos provenientes do modelo XRBAC e do modelo UCON. A parte central do modelo representa o modelo XRBAC.

Existem dois tipos de utilizadores neste modelo: um único utilizador (User) e um grupo de utilizadores *(Group).* Estes dois elementos são representados pelo elemento **Subject**, que é a superclasse de User e Group. *O sujeito* permite formalizar a atribuição de utilizadores e grupos às funções. *O sujeito* pode ser considerado como o tipo de base de todos os utilizadores e grupos de um sistema. Pode ser apresentado como um tipo abstrato, pelo que não pode ter instâncias directas - cada sujeito é um utilizador ou um grupo.

Um **utilizador** é um ser humano, uma pessoa ou um processo num sistema, pelo que representa a entidade do sistema que pode obter alguns direitos de acesso num sistema. Um **grupo** representa um grupo de utilizadores que têm os mesmos direitos. Os sujeitos podem ser atribuídos aos grupos através da relação de agregação *SubjectGroup*, que representa uma relação de ordenação no conjunto de todos os sujeitos do sistema. O sujeito pode ser associado às obrigações **Obligation**, que representam diferentes predicados de controlo de acesso que descrevem os requisitos obrigatórios cumpridos por um sujeito. Estes requisitos devem ser verificados antes ou durante uma utilização realizada por um utilizador. Podem representar as restrições de segurança definidas para os sujeitos (ou seja, utilizadores ou/e grupos) e podem ser estáticas ou dinâmicas. O elemento **Session** representa o período de tempo durante o qual um utilizador está ligado a um sistema e pode executar os seus próprios direitos de acesso. No nosso modelo, a *sessão* é atribuída diretamente a um *sujeito. Por* outro lado, uma sessão está ligada às *funções* e esta associação representa as funções que podem ser activadas durante uma sessão. A sessão está também ligada ao conjunto de **condições** que representam as características de um sistema ou aplicação. Podem descrever o estado atual do ambiente ou do sistema e os estados durante a sessão do utilizador que são utilizados para a decisão de utilização.

Uma **função** é um cargo ou um título de cargo dentro da organização com alguma semântica associada relativamente à autoridade e responsabilidade conferidas a um membro da função. A função pode representar uma competência para realizar uma tarefa específica e pode incorporar a autoridade e a responsabilidade. As funções são criadas para vários

funções de trabalho numa organização. Os utilizadores são atribuídos indiretamente às funções, com base nas suas responsabilidades e qualificações. A relação direta é estabelecida entre as funções e os sujeitos que representam os utilizadores ou grupos de utilizadores.

O utilizador pode assumir diferentes funções em diferentes ocasiões e também vários utilizadores podem desempenhar a mesma função (elemento Grupo). Também é possível definir a hierarquia de funções, representada pela relação de agregação *RoleHierarchy,* que fornece a ordem hierárquica das funções do sistema. A hierarquia de funções representa também as relações de herança entre as funções. A função da parte final da associação herda todos os privilégios do agregado.

A relação de associação entre as funções e os sujeitos é descrita pela classe de associação **SubjectAttributes** que representa atributos adicionais do sujeito (ou seja, propriedades do sujeito) como no modelo UCON.

Cada função definida no modelo RBAC alargado (Mendling, Ploesser, & Strembeck, n.d.) permite a realização de uma tarefa específica associada ao processo empresarial. O mesmo acontece no modelo XRBAC-UCON. Uma **função** pode conter muitas funções que um utilizador pode aplicar. Consequentemente, uma função pode ser vista como um conjunto de funções que essa função pode adotar para realizar um trabalho específico. Também é possível definir a hierarquia das funções tal como a hierarquia das funções foi especificada para as funções. Esta é representada pela relação de agregação denominada *Hierarquia de funções,* que fornece a ordem hierárquica das funções do sistema. A hierarquia de funções, tal como a hierarquia de funções, representa também as relações de herança entre as funções. A função da parte final da associação herda todos os privilégios do agregado.

Como cada função pode efetuar uma ou mais operações, é necessário associar uma função a um conjunto de permissões relacionadas **Permissão.** Uma função pode ser definida como um conjunto ou sequência (consoante a situação específica) de permissões.

Para realizar uma operação, é necessário aceder ao objeto requerido, pelo que as permissões necessárias devem ser atribuídas à função correspondente. Por conseguinte, todas as tarefas e permissões necessárias são identificadas e podem ser atribuídas aos utilizadores para lhes dar a possibilidade de desempenharem as responsabilidades inerentes a uma determinada função. Devido a restrições de cardinalidade, cada permissão deve ser atribuída a pelo menos uma função.

Uma ou mais permissões **A permissão** pode ser associada a cada função. A permissão determina o direito de execução de um determinado método num determinado objeto. Para aceder aos dados armazenados no objeto, tem de ser enviada uma mensagem para esse objeto. Esta mensagem provoca a execução de um determinado método **Method neste** objeto **Object. Podemos** dizer que *a permissão* é a possibilidade de execução de um método num objeto para aceder aos dados armazenados nesse objeto. Muitas vezes, as restrições têm de ser definidas no processo de atribuição de permissões ao objeto. Essas restrições são representadas pelas autorizações.

A autorização é um predicado lógico associado à permissão que determina a validade da permissão em função das regras de acesso, dos atributos do objeto e dos atributos do sujeito. Uma restrição determina que uma permissão é válida apenas para uma parte das instâncias do objeto. Assim, a *permissão* pode ser apresentada como uma *funçãop (o, m, c)* em que o é um objeto, m é um método que pode ser executado nesse objeto e c é um conjunto de restrições que determinam essa permissão. De acordo com isto, a permissão é dada a todas as instâncias da classe do objeto, exceto a especificação contrária.

A relação entre os objectos e as suas permissões é adicionalmente descrita pela classe de associação **ObjectAttributes**, que representa os atributos adicionais do objeto (ou seja, as propriedades do objeto) que não podem ser especificados na classe do objeto e que podem ser utilizados para o processo de decisão de utilização. Os exemplos de atributos de objectos são etiquetas de segurança, propriedades ou classes. Podem também ser mutáveis ou imutáveis, tal como os atributos do objeto.

O modelo RBAC alargado (Singh, 2012) tem também o conceito de classe e operação. Um método é uma instância específica de uma **operação,** pelo que cada operação pode ter um ou mais métodos que podem diferir em termos de número de atributos. A mesma situação existe para os objectos. Um objeto é uma instância de uma determinada **classe** e cada classe pode ter alguns objectos.

O elemento Method pode também ser diferenciado entre dois tipos de métodos: método atómico e método composto. O primeiro, **AtomicMethod,** representa as acções de baixo nível que podem ser diretamente mapeadas para os objectos, por exemplo, *ler, escrever* ou *executar.* Os **CompositeMethod** são acções de alto nível que representam actividades mais complexas que podem ser realizadas nos objectos. Além disso, também é possível definir a relação de agregação entre *Method* e *CompositeMethod,* denominada *MethodHierarchy.* Esta relação é utilizada para ordenar os métodos compostos em grupos de métodos.

O último elemento do modelo é um conjunto de restrições. As **restrições** podem ser definidas para cada elemento do modelo acima apresentado, bem como para as relações entre esses elementos. Os conceitos de *Condições, Obrigações* e *Autorizações* representam a ideia de restrições relacionadas com elementos seleccionados do modelo XRBAC-UCON, ou seja, *as Condições* são restrições relacionadas com a *Sessão, as Obrigações* estão relacionadas com o *Assunto* e as *Autorizações* estão relacionadas com as *Permissões.* Os outros elementos, como os *cargos e as funções,* podem ter as restrições definidas para eles. O conceito de restrições é amplamente descrito na literatura (Control, 2010; Kugblenu, 2007; Mendling et al., n.d.; Ni et al., 2007). É possível distinguir diferentes tipos de restrições, estáticas e dinâmicas, que podem ser associadas a diferentes elementos do modelo. O tipo mais popular de restrições é a restrição de *separação de tarefas* (*Separation of Duty - SoD) (*Kugblenu, 2007), (H.

Chen, n.d.).

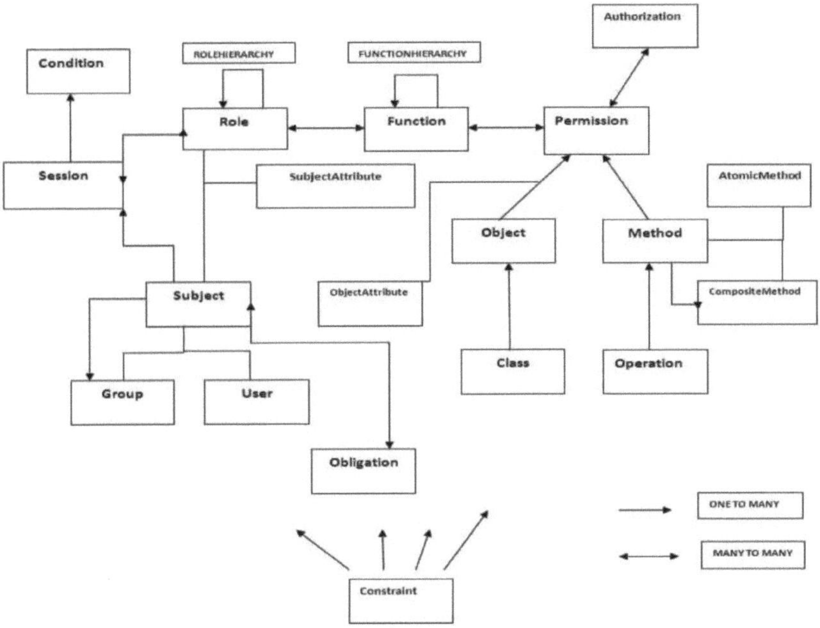

Figura 5 Modelo XRBAC-UCON

2.6.2 DEFINIÇÃO FORMAL DE XRBAC-UCON

A definição formal para a implementação do modelo de controlo de utilização baseado em funções baseia-se na descrição apresentada acima.

O modelo XRBAC-UCON pode ser definido com a utilização dos seguintes componentes ("Extended Role Based Access Control for Trusted Operating Systems and its Coloured Petri Net Model Gwangju Institute of Science and Technology Trusted Operating System (TOS)," n.d.):

- ✓ principais conjuntos de elementos: U - utilizadores, G - grupos, S - sujeitos, R - papéis, F - funções, P - permissões, M - métodos, O - objectos e Sn - sessões,
- ✓ conjuntos adicionais de elementos: *Cl* - classes, *Op* - operações, *ATT(S)* - atributos do sujeito, *ATT(O)* - atributos do objeto, *AM*- métodos atómicos e CM - métodos compostos,
- ✓ predicados funcionais de decisão: A - autorizações, B - obrigações e C - condições,

- ✓ $UA\ U\subseteq\times$ R é uma relação de atribuição de funções de utilizador para utilizador, de muitos para muitos,
- ✓ $GA\subseteq G\times$ R é uma relação de atribuição de grupo-para-papel de muitos para muitos,
- ✓ $RH\subseteq R\times$ R - uma ordem parcial no conjunto R, designada por hierarquia de funções ou relação de domínio de funções,
- ✓ $FA\subseteq F\times$ R- relação de atribuição de função a função de muitos para muitos,
- ✓ $FH\subseteq F\times$ F-uma ordem parcial no conjunto *F*, designada por hierarquia de funções ou relação de domínio de funções,
- ✓ $PA\subseteq P\times$ F- relação de atribuição de permissões e funções de muitos para muitos, - utilizador : $Sn\rightarrow U$ é uma função que mapeia cada sessão *sn* para um único utilizador user(sn_i),
- ✓ *grupo*: 2Sn → G é uma função que mapeia o conjunto de sessões Sn para o grupo de utilizadores *grupo(utilizadores(sn ,))*,
- ✓ *roles : Sn → 2R* é uma função que mapeia cada sessão *sn i* para um conjunto de papéis $roles(sn\ )_i\subseteq\{r\backslash(user(sn\ i),r)\subseteq UA\}$ e a sessão sn_i tem as funções $r\in roles(sni)\ \{f|(f,r\_)\subseteq FA\}$, tendo em consideração a hierarquia de papéis: *roles :Sn→ 2R* é uma função que mapeia cada sessão *sn i* para um conjunto de papéis $roles(sn\ )_i\subseteq\{r|(\exists r\_\geq r)[(user(sn_i),r\_)]\subseteq UA\}$ e a sessão *sn i* tem as funções $r\in roles(sni)\ \{f|(\exists r\_\_\leq r)[(f,r\_\_)\subseteq FA]\}$,
- ✓ *funções : R →* 2^F é uma função que mapeia cada papel *r i* para um conjunto de funções $functions(r\ )_i\subseteq\{f|(f,r_i)\subseteq FA\}$ e o papel *r* -tem as permissões $f\in functions(r\ i)\ \{p|(p,f)\subseteq PA]\}$, tendo em consideração a hierarquia das funções: *functions : R* -> 2Fé uma função que mapeia cada papel r_i para um conjunto de funções $functions\ (r\ )_i\subseteq\{f|(\exists f\_\geq f)[(f,r_i)]\subseteq FA\}$ e o papel r_i tem as permissões $f\in functions(r\ i)\ \{p|(\exists f\_\_\leq f)[(p,f\_\_)\subseteq PA]\}$,
- ✓ *permissão: M* x *O →P* é uma função que mapeia um par: método mi e objeto oj para a permissão *p(mi, o j)*,
- ✓ $AUTH\subseteq 2^A\times P$, relação de atribuição muitos-para-muitos de autorizações a uma permissão,

- ✓ $OBLIG \subseteq 2^{B} \times S$, relação de atribuição de obrigações de muitos para muitos a um sujeito,
- ✓ $COND \subseteq 2^{C} \times Sn$, relação de atribuição muitos-para-muitos de condições a uma sessão.

Este exemplo dá a possibilidade de identificar alguns elementos do modelo XRBAC-UCON, por exemplo:

Assunto: = Professor,

Lista de funções: = Professor, investigador

Funções de listagem: = preparar aulas, dar aulas, preparar exames, registar resultados, modificar resultados, criar teoria, testar a teoria e documentar o resultado.

Utilizador: = Prof. Tomas Smith

Grupo: = professores do departamento de informática

Atributo do sujeito: = posição (função) de "Professor" no departamento

Condição: = a função "Reitor" só pode ser desempenhada durante uma sessão num determinado momento.

2.7 REVISÃO PRINCIPAL DE ESTUDOS ANTERIORES EFECTUADOS NA ÁREA

Nesta secção, analisamos os trabalhos anteriores sobre separação de tarefas, controlo de acesso baseado em funções e controlo de utilização.

No seu trabalho intitulado "Analysing and Developing Role-Based Access Control Models", Liang Chen (L. Chen, 2011) utiliza uma restrição na autorização dos utilizadores para garantir que nenhum utilizador pode invocar duas permissões contraditórias ao mesmo tempo. O autor argumenta que, se uma tarefa sensível incluir duas etapas, o mesmo utilizador não pode executar ambas as etapas. Um exemplo típico de separação de tarefas para uma aplicação de ordens de compra é o requisito de que a criação (p) e a aprovação (q) de uma ordem de compra não podem ser executadas pelo mesmo utilizador. Isto pode ser feito através da configuração adequada da relação UA (a chamada separação estática de funções), ou limitando as funções que podem ser activadas pelos utilizadores numa única sessão (separação dinâmica de funções). A separação dinâmica de funções é considerada, na prática, mais flexível do ponto de vista operacional. Supondo que p e q são atribuídos aos papéis **rl** e **r2**, respetivamente, a separação dinâmica de funções exige que nenhum utilizador seja autorizado a ativar simultaneamente **rl** e **r2** no decurso de uma sessão, embora seja possível que um utilizador seja atribuído a ambos os papéis.

No seu artigo, "The U CONABC Usage Control Model, 0(0),l-47. (2004)", Sandhu discute o modelo de controlo da utilização. Defende que o controlo da utilização engloba o controlo de acesso tradicional, a gestão da confiança e a gestão dos direitos digitais e ultrapassa-os no seu âmbito. Ao unificar estas diversas áreas de uma forma sistemática, o modelo UCONABC oferece uma abordagem promissora para a próxima geração de controlo de acesso. Em resumo, o UCON tem de ser visto como uma abordagem abrangente para proteger e controlar as utilizações de três partes interessadas e as suas relações e influências mútuas. No ambiente digital dinâmico e distribuído de hoje em dia, o controlo unidirecional tradicional já não oferece uma fiabilidade adequada. Eventualmente, ao contrário das anteriores abordagens unidireccionais (do fornecedor ao consumidor), a decisão de controlo do UCON tem de ser multidirecional para controlos mútuos e proteção da privacidade.

Acreditamos que estas questões já não são apenas questões técnicas. O empenho das empresas e o apoio jurídico e social são também cruciais para o êxito do controlo da utilização.

Em "An Extended Role Based Access Control Method for XML Documents", *Xiaofeng Meng e Daofeng Luo debatem* algumas novas características e questões quando o RBAC é aplicado a propriedades XML. Destacam os novos problemas quando o RBAC é aplicado a propriedades XML e desenvolvem um método de controlo de acesso alargado, o controlo de acesso a vários níveis baseado em funções e acções herdáveis, bem como a arquitetura e o algoritmo do sistema. As autorizações são atribuídas a funções e as funções são atribuídas a utilizadores. Numa sessão, um utilizador apresenta os seus pedidos em determinadas funções. Assim, os utilizadores são separados das autorizações por funções. De facto, uma função representa a comunhão dos utilizadores a quem essa função é atribuída. Por exemplo, se um utilizador for um Estudante, pode consultar as notas. Esta é a caraterística comum dos estudantes, e a função Estudante pode representar esta caraterística comum. No entanto, a função Estudante pode e só pode consultar as suas próprias notas" significa que a mesma função pode ter autorizações diferentes. Ou seja, a função pode ter especialidades quando atribuída a diferentes utilizadores".

Em "An Integrated Approach to Engineer and Enforce Context Constraints in RBAC Environments", Strembeck, Mark Neumann e Gustaf sugerem uma estrutura para um tipo especial de restrições RBAC (Strembeck & Neumann, 2004), denominadas restrições de contexto, que são definidas como restrições de autorização exógenas dinâmicas. Especificámos a terminologia necessária e fornecemos uma definição para as restrições de contexto. Apresentámos um processo de elicitação para derivar restrições de contexto durante a engenharia de funções e descrevemos uma implementação que alarga um sistema RBAC existente para permitir a aplicação de restrições de contexto. O processo apresentado para a elicitação e especificação de restrições de contexto baseia-se em técnicas de engenharia de requisitos orientadas para objectivos. Este processo foi concebido como uma extensão do processo de engenharia de funções orientado por cenários para funções RBAC [(Mendling et al., n.d.)]. O processo global fornece orientações aos engenheiros de segurança e permite a especificação de modelos RBAC concretos, incluindo restrições de contexto.

Em "A Trustworthy Usage Control Enforcement Framework", Ricardo Neisse, Alexander Pretschner e Valentina Di Giacomo sugerem que uma estrutura de controlo da utilização pode ser utilizada para a especificação e aplicação de políticas ao nível da implementação em diferentes níveis de abstração. Para ilustrar esta flexibilidade, descrevemos uma implementação da nossa estrutura ao nível do SO e do ESB.

Nesta implementação, a prescrição e a dispensa são serviços que funcionam num ESB. Ora, as políticas SoD aplicadas ao nível do ESB podem ser contornadas por um utilizador malicioso, modificando diretamente os ficheiros que contêm os registos de prescrição e dispensa, o que motiva a necessidade de proteção ao nível do SO. Além disso, a nossa estrutura inclui componentes que utilizam tecnologia de computação fiável para criar registos de medição de integridade invioláveis.

2.8 CONCLUSÕES E LACUNAS A COLMATAR PELO ESTUDO

Uma combinação do controlo de acesso alargado baseado em funções e do modelo de controlo de utilização permite definir a política de controlo de acesso com base no pedido de acesso, tal como os modelos tradicionais de controlo de acesso, e a decisão de acesso pode ser avaliada durante o acesso à informação sobre a qual se pretende controlar a utilização. O modelo tem em consideração os aspectos provisórios da segurança do acesso.

Todos os elementos do modelo XRBAC-UCON, apresentados na secção anterior, formam um modelo bastante complexo para apresentar toda a organização de cada empresa ao nível do controlo de acesso. Os componentes do modelo XRBAC-UCON podem criar um quadro para classificar a família de modelos. Essa classificação pode basear-se em três critérios: predicados de decisão funcional (ou seja, autorizações, obrigações e condições), caraterística de continuidade (a decisão de controlo pode ser tomada antes ou durante o acesso) e caraterística de mutabilidade (as actualizações dos atributos do sujeito ou do objeto podem ser feitas em momentos diferentes).

O modelo XRBAC-UCON também pode apoiar a segurança de sistemas de informação dinâmicos, como os sistemas de informação distribuídos. Isto pode ser feito graças ao conceito de mutabilidade proveniente da abordagem de controlo da utilização (Neisse, Pretschner, & Giacomo, n.d.), em que a alteração dinâmica da política de segurança pode ser traduzida na alteração dos valores dos atributos do sujeito ou dos atributos do objeto. Além disso, estas alterações podem ser efectuadas antes do acesso à informação, durante o acesso à informação ou no final desse acesso.

CAPÍTULO 3

3.0 CALENDÁRIO

KEY ACTIVITIES		DURATION							
		SEM I				SEM II			
		MAY	JUN	JULY	AUG	SEPT	OCT	NOV	DEC
1	Proposal Writing								
2	Data Collection								
3	XRBAC-UCON modeling								
4	Literature Review								
5	Mini presentation								
6	System Design and Development								
7	Results Analysis								
8	Documentation								
9	Final Presentation								

Quadro 1 Calendário

Referências/Bibliografia

Ajam, N., Cuppens-boulahia, N., & Cuppens, F. (2010). Contextual Privacy Management in Extended Role Based Access Control Model, 121-135.

Ausanka-cruzes, R. (n.d.). Métodos de controlo de acesso: Avanços e Limitações.

Chen, H. (s.d.). Constraint Generation for Separation of Duty (Geração de restrições para separação de tarefas).

Chen, L. (2011). Análise e desenvolvimento de métodos de controlo de acesso.

Controlo, R. A. (2010). Adding Attributes to Role-Based Access Control, 43(6), 79-81.

Essmayr, W., Probst, S., & Weippl, E. (2004). Controlos de acesso baseados em funções: estado, divulgação, 156, 127-156.

Extended Role Based Access Control for Trusted Operating Systems and its Coloured Petri Net Model Gwangju Institute of Science and Technology Trusted Operating System (TOS). (n.d.)., 1-15.

Ganesh, A. (2008). SISTEMA DE CONTROLO DE ACESSO

DESCENTRALIZADO Modelos para análise e aplicação, (março).

Hu, V. C., Ferraiolo, D. F., Kuhn, D. R., Hu, V. C., Ferraiolo, D. F., & Kuhn, D. R. (n.d.). Avaliação dos sistemas de controlo de acesso.

John R. Vacca. (n.d.). *"COMPUTER AND INFORMATION SECURITY HANDBOOK"*. (P. Wayner & J. Joshi, Eds.) (2009th ed.). Morgan Kaufmann Publishers.

Krautsevich, L., Lazouski, A., Martinelli, F., Mori, P., & Yautsiukhin, A. (2010). Controlo da utilização, risco e confiança, 1- 12.

Kugblenu, F. M. (2007). Separação de funções num sistema de controlo de acesso baseado em funções: A Case Study Authors :, (janeiro), 0-46.

Lazouski, A., Martinelli, F., & Mori, P. (n.d.). Controlo da utilização em segurança informática: um estudo, 1-49.

Martinelli, F., Krautsevich, L., Lazouski, A., Mori, P., & Petrocchi, M. (n.d.). Controlo da utilização para sistemas GRID.

Mendling, J., Ploesser, K., & Strembeck, M. (n.d.). Especificando a Separação de Restrições de Dufy em Processos BPEL4People, 1-12.

Meng, X., & Luo, D. (n.d.). Um método alargado de controlo de acesso baseado em funções para documentos XML Documentos XML 4 . Controlo de acesso a vários níveis baseado na função reutilizada e na ação herdada.

Neisse, R., Pretschner, A., & Giacomo, V. Di. (n.d.). A Trustworthy Usage Control Enforcement Framework.

Ni, Q., Trombetta, A., Bertino, E., Lobo, J., & Watson, I. B. M. T. J. (2007). Controlo de acesso baseado em funções com consciência da privacidade, 41-50.

Pain, R. T. (2011). Estendendo o controle de acesso baseado em função A dor de métodos RBAC de SO separados para implementação, (abril).

Poniszewska-maranda, A. (2012). Implementação de um modelo de controlo de acesso para sistemas de informação distribuídos, 54-67.

Pretschner, A., Hilty, M., Basin, D., Schaefer, C., & Walter, T. (n.d.). Mechanisms for Usage Control.

Sandhu, R. (2004). O modelo de controlo da utilização U CON ABC, 0(0), 1-47.

Controlos de segurança para sistemas informáticos: Report of Defense Science Board Task Force on Computer Security - RAND Report R-609-1 | RAND. (n.d.). Recuperado em 25 de julho de 2013, de http://www.rand.Org/pubs/reportsZR609-l/index2.html#C

Shi, W., Technology, L, & Portfolio, T. (2006). Um modelo alargado de controlo de acesso baseado em funções para sistemas empresariais e serviços Web.

Singh, A. K. (2012). Análise da política de segurança da gestão de confiança baseada em funções, 2(6).

Strembeck, M., & Neumann, G. (2004). An Integrated Approach to Engineer and Enforce Context Constraints in RBAC Environments, 7(3), 392-427.

MIX
Papier aus verantwortungsvollen Quellen
Paper from responsible sources
FSC® C105338

Printed by Books on Demand GmbH, Norderstedt / Germany